AF234234

MÉDÉE,

BALLET TRAGI-PANTOMIME,

De l'Invention & de la Composition de
M. NOVERRE, *Maître des Ballets de*
l'Académie Royale de Musique.

REPRÉSENTÉ

SUR LE THEATRE

DE L'ACADÉMIE-ROYALE

DE MUSIQUE,

Le Dimanche 30 Janvier 1780.

Prix XII sols.

A PARIS;

Chez P. DE LORMEL, Imprimeur de ladite Académie,
rue du Foin S. Jacques, à Sainte Genevieve.

M. DCC. LXXX.
Avec Approbation & Permission.

❧❧❧❧❧❧❧❧❧❧❧❧❧❧❧❧❧❧

La Musique est de la Composition de
M. RODOLPH, *Ordinaire de la*
Musique du Roi.

❧❧❧❧❧❧❧❧❧❧❧❧❧❧❧❧❧❧

AVFRTISSEMENT.

C'EST en 1762, que je composai, & fis exécuter à la Cour de Wurtemberg le Ballet de Médée ; des talents, en tout genre, que le goût & la magnificence du Sérénissime Duc, avoit fixé à son service, ceux de M. Vestris qui sont au-dessus de mes éloges, embellirent cette production par les charmes de l'exécution la plus brillante. MM. Servandony & Colomba furent chargés des Décorations ; M. Bocquet le fut du Costume, & M. Rodolph composa la Musique. Ce Ballet eut assez de succès pour être redonné l'année suivante ; bientôt il paru sous mon nom sur tous les grands Théâtres de l'Europe. M. Vestris le donna plusieurs années après à Varsovie & à Vienne ; il fit mettre sur les affiches, Médée, Ballet de la Composition de M. Noverre, remis par M. Vestris,

A ij

Ce procédé honnête est celui d'un Artiste estimable, qui, satisfait de la portion de gloire que lui assigne ses propres talents, ne veut pas se parer d'un ornement étranger lorsqu'il remis ma Médée à Paris, il me fit pour ainsi-dire revivre dans ma Patrie, il excita ma reconnoissance, & il auroit augmenté ce sentiment, si, encouragé par le succès, il eut également remis mes Ballets d'Armide, des Danaïdes, de Psiché, d'Alceste, d'Orphé, d'Hercule, &c. Il en faisoit à Stutcard le plus bel ornement; en travaillant à sa réputation, il eut cimenté la mienne, & il auroit acquis de nouveaux droits à ma gratitude & à l'estime que je dois à ses talents. Je finirai par assurer que, de tous les Maîtres de Ballets qui ont remis ma Médée, M. Vestris est, sans contredit, celui qui en a saisi le plus parfaitement les grands traits, & qui en a dessiné les caractères avec le plus de goût & le plus d'intelligence.

PERSONNAGES.

MÉDÉE, *Princesse de*
   Colchide,   Mlle. Heinel.
JASON, *Prince de Thes-*
   salie, Epoux de Médée, M. Vestris, pere.
CRÉON, *Roi de Corinthe,* M. Dauberval.
CREUSE, *fille de Créon,* Mlle. Guimard.

CORINTHIENS.

M. Gardel, l'aîné.

M. Vestris, fils.   Mlle. Théodore.

M^llo. Torlay.

M^rs. Le Breton,   Olivier.
Mlles. Bigotini,   Auguste.

M^rs. Hennequin, l. Duchaine, Trupti,
   Henri, Dangui, Desbordes, d'Ossion,
Clerget, de la Haie, Dussel, Guillet, Gricourt.

Mlles. Martin, Jonveau, Puisieux,
Camille, Courtois, c. Courtois, l. Carré,
Villette, Darci, Gibassier, Rosette, Thiste.

LES DEUX ENFANS DE MEDE'E.

M^rs. Boinel, Marchand.

LES EUMENIDES.

M^rs. Abraham, le Doux, le Bel.

GOUVERNANTE DES ENFANS DE MEDE'E.

Mlle. Crépeaux.

LUTEURS.

M^{rs}. Abraham, le Doux, Simonet,
Barré, le Bel, Desplaces.

LA HAINE, LA JALOUSIE, LA VENGEANCE.

M^{rs}. Malter, Laurent, Hus,

LE FER, LE FEU, LE POISON.

M^{rs}. Simonet, Victor, Desplaces.

LE DESESPOIR.

M. Barré.

TROUPE DE DEMONS.

M^{rs}. Giguet, Rivet, le Roi, 1er,
Duffel, Largilliere, Hennequin, c.

PRESTRES DE L'HYMEN.

Mrs. Lami, Luquet, Gringret, Pérolle.

PEUPLES.

SOLDATS.

MÉDÉE

PREMIERE PARTIE.

La Décoration représente le Péristile du Palais de Créon.

CRÉON qui craint les prétentions de Médée au Trône de Corinthe, & qui voudroit l'assurer pour jamais à Créuse, croit ne pouvoir mieux faire que d'engager secrettement Jason à s'unir avec elle. Pour réussir dans ce projet, il donne à ce Héros les Fêtes les plus brillantes, afin de procurer plus d'occasions à sa fille de le séduire par ses charmes, auxquels Jason n'est déjà que trop sensible ; Créuse, de son côté, ne jouit pas d'une plus grande tranquillitée ; mais l'ardeur de ces Amants, malgré toute sa violence, n'a point encore osé éclater. Cependant l'œil pénétrant & jaloux de Médée perce à travers ce mystere, les soins de Jason pour Créuse, son empressément à lui plaire, les préférences qu'il lui donne sans cesse, & dont Créuse lui tient compte, jettent Médée dans les plus affreux soupçons. Créon, qui lit dans l'ame de cette Princesse, cherche à la distraire en lui offrant successivement le Spectacle varié de la Lutte, de la Course & de la Danse ; mais tous ces Tableaux différens, tous ces Hommages qu'on s'empresse à lui rendre, ne peuvent calmer ses inquiétudes ; elle quitte son estrade, présente la main à Créon, en jettant sur Jason & Créuse, qui la suivent, un regard menaçant qui annonce le trouble & l'agitation de son ame. Le départ précipité de Médée interrompt la Fête, & termine la premiere Partie du Ballet.

SECONDE PARTIE.

La Décoration repréſente un Sallon du Palais de Créon.

Créon, toujours occupé de ſes projets, eſt abſorbé ſous le poids de ſes réflexions, il veut abdiquer la Couronne, il veut unir Jaſon à ſa fille, il veut que ce Prince, en ſe ſéparant de Médée, lui ordonne de fuir ſes Etats. Tous ſes grands événemens que ſa politique prépare, doivent être l'Ouvrage des charmes de Créuſe & de leur Empire ſur le cœur d'un jeune Prince, tout à la fois tendre, ambitieux, ingrat & perfide.

Créuſe, qui ſuit les pas de ſon Pere, interprête défavorablement ſon inquiétude, il l'apperçoit, il lui tend les bras, elle y vole & ſi précipite; Créon, après s'être myſtérieuſement aſſuré de n'être point entendu, lui confie ſes deſseins, il trouve, dans l'ame de Créuse, tous les sentimens qui peuvent flatter son espoir ; elle applaudit avec transport à un projet qui s'accorde si bien avec les intérêts de son cœur. Créon, qui entend du bruit, quitte Créuse avec précipitation, & elle lui jure, en l'embrassant, la plus prompte obéissance.

Jason aborde Créuse, avec ce trouble & cette émotion qui caractérisent si bien l'amour. Créuse veut fuir, il l'arrête en tremblant, & lui fait l'aveu de sa passion ; Créuse triomphe, elle oppose à des sentimens si tendres, le courroux de Médée, & l'empire qu'elle a sur son ame ; Jason lui en promet le sacrifice, embrasse ses genoux, & dans l'instant où ces Amants s'expriment leur mutuelle tendresse, Médée patoît.

Son action est celle de la fureur, mais habile en l'art de feindre, elle cache sa rage sous le voile de la candeur, elle court vers Créuse & la serre tendrement dans ses bras : Jason, que sa passion emporte, & qui ne voit que Créuse, oublie ce qu'il doit à Médée. Cette Magicienne se livre progressivement à tous les mouvemens de la jalousie, & ne pouvant supporter sans mourir l'idée de l'ingratitude & de l'infidélité de son Epoux, elle tombe expirante dans ses bras, Créuse s'empresse à lui donner ses soins ; mais Médée revoyant la lumiere & sa rivale, la fuit avec horreur. La jalousie n'étant qu'inpuissante, elle s'abandonne aux transports de la vengeance, elle tire son Poignard, s'élance sur Créuse, Jason arrête le coup mortel, il désarme Médée, qui, désespérée de n'avoir pu assouvir sa rage, part en menaçant & en exprimant ce que la haine & la fureur ont de plus effrayant. Créuse, vivement émue du danger qu'elle a courrue, quitte Jason en l'assurant de la constance de ses sentimens.

Créon profite du désordre qui regne dans l'ame de Jason, pour achever de triompher de ses scrupules, il lui offre

son Trône & la main de Créuse, à
condition qu'il renverra Médée ; Jason
hésite, la reconnoissance balance encore les droits de l'amour ; mais à la vue
du Sceptre & de la Conronne que
Créon lui présente, Jason oublie tout,
il accepte avec transport. Médée paroît
avec ses Enfants, ils se précipitent à ses
pieds, elle veut tenter, quelque chose
qu'il lui en coûte, un dernier effort :
elle réclame ses premiers sermens, elle
le presse de lui rendre sa tendresse, elle
lui montre ses Fils, gages précieux de
la foi qu'il lui a jurée ; elle lui présente
un Poignard & son sein, en le conju-
rant de lui percer le cœur, s'il ne veut
lui rendre le sien. Jason, pénétré du
plus vif repentir, se jette, malgré les
efforts de Créon, dans les bras de Médée, il la serre étroitement dans les
siens, l'inonde de ses larmes, il va lui
rendre sa foi, il va refuser la Couronne, il va refuser Créuse. Créuse paroît
& triomphe.

Il se débarrasse du bras de son Epouse pour voler dans ceux de son Amante ; & sa passion lui faisant oublier qu'il doit tout à Médée, il pousse la cruauté jusqu'à lui ordonner impérieusement d'éviter sa présence, & de fuir pour jamais les États de Créon.

Médée, les yeux fixés vers la terre, paroît immobile ; l'Arrêt de sa disgrace absorbe, pour ainsi dire, toutes les facultés de son ame ; elle est dans l'anéantissement le plus affreux, lorsque tout à coup elle en sort pour se livrer toute entiere à sa rage. Elle éloigne ses Enfants, elle évoque les Elements, les Enfers & les Dieux, elle change le Sallon en une Grotte épouvantable ; la Haine, la Jalousie & la Vengeance accourent à sa voix, elle leur commande servir sa fureur, & ces Filles de l'Enfer lui présentent le Feu, le Fer & le Poison ; elle ordonne au Feu de renfermer dans un Coffret qu'elle destine à Créon les matieres les plus combustibles, & les flâmes les plus actives ; elle commande au Poison de repandre

ses vénins mortels, & ses vapeurs empestées sur un Bouquet de diamants,
que sa cruauté réserve à Créuse ; elle
demande au Fer un instrument propre
à assouvir sa rage ; il tire de son sein un
Poignard que la Jalousie, la Haine &
la Vengeance présentent à Médée. Cette Magicienne. se félicitant des forfaits
qu'elle va commettre, ordonne à la
Troupe Infernale de disparoître.

Le Sallon reparoît.

Enyvrée de ses fureurs, Médée ap-
pelle ses Enfants, elle veut en faire ses
premieres Victimes ; mais son bras mal
assûré refuse d'obéir, le Fer échappe
de sa main, & la nature semble lui re-
procher l'atrocité d'un tel crime. Elle
charge ses Enfants des présents empoi-
sonnés ; & elle les accompagne pour
faire agir plus sûrement les ressorts
qu'elle a résolu d'employer pour assouvir sa vengeance.

TROISIEME PARTIE.

*La Décoration repréſente la Salle
Royale du Palais de Créon.*

Ce Prince eſt ſur ſon trône, il en
deſcend, après avoir reçu l'hommage
des trois Ordres de l'État.

Il approche de l'autel, il montre
Jaſon à tout le peuple, comme le Prince
que ſon cœur choiſit pour regner à ſa
place, il abdique le trône, & en fait
ſerment ſur l'autel. Jaſon prete à ſon
tour le ſerment uſité. Créon, après
avoir uni Jaſon à ſa fille, le couronne
de ſa propre main, & le conduit au
trône, le peuple tombe au pieds du
nouveau Roi, les cris d'allégreſſe éclat-
tent de toutes parts, le bruit des tim-
bales & des trompettes retentît dans
les airs, le peuple applaudit au choix
de Créon, Creuſe mêle ſa joie à celle
de ſes ſujets, Créon, au comble de ſes
vœux, marche vers le trône, il eſt
ſuivi par les Prêtres de l'Hymen, qui,

en tombant à ses pieds, lui remettent la coupe nuptiale, après l'avoir élevée vers le ciel, il la présente à Jason, il s'en saisit avec le plus vif empressement, elle est déja sur le bord de ses levres, Médée paroit, tout change à son aspect.

Jason est pénétré de honte & de dépit, Créuse est saisie de crainte, & n'ose plus lever les yeux, Créon témoigne le plus violent courroux, le peuple consterné attend en frémissant l'issuë d'un tel événement.

Médée, qui n'a pû s'empêcher de marquer quelqu'émotion à la vuë de la coupe que Jason tenoit avec tant de joie, craignant de se trahir, cache sa rage sous le voile de la dissimulation & de l'hypocrisie ; elle aborde ses ennemis avec les apparences d'une résignation décidée, elle leur sourit agréablement, comme pour leur faire entendre qu'ils doivent se rassurer, que bien loin de vouloir troubler leur bonheur elle ne vient que pour y contribuer encore de tout son pouvoir ; elle montre

les présens qui sont entre les mains de
ses enfans. Créuse & Jason commen-
cent à se tranquiliser , le visage de
Creon s'adoucit , un des Enfans lui
présente humblement le Coffret de la
part de sa mere ; Médée prend elle-
même le Bouquet , & paroît se faire
gloire d'en orner sa Rivale, elle la serre étroitement dans ses bras avec les dé-
monstrations de la bienveillance la plus
sincere ; elle fait ses tendres adieux à
Jason ; elle l'unit à Créuse , en feignant
de demander au Ciel de combler de
faveurs une union si parfaite. Jason
plein de la plus vive reconnoissance ,
embrasse Médée , la perfide se retire
en laissant éclater tout l'emportement
d'une joie barbare.

Le départ de cette Magicienne
fait renaître le calme dans tous les
cœurs. Mais il ne dure qu'un instant.
Créuse ressent tout-à-coup les funestes
effets des présens de Médée , un poison
dévorant s'allume dans ses veines , &
répand sur ses traits l'empreinte de la

mort, Créon frappé de ce spectacle déchirant, menace veinement Médée, soudain il est enveloppé par les tourbillons de flâme qui s'élévent du coffret, les vapeurs empestées qu'ils exhalent, le suffoquent, il recule, il chancelle & tombe expirant ; Creuse à cet aspect se traîne vers lui, elle se jette sur son corps, mêle ses souffrances à celles de son pere, & veut en mourant dans ses bras, confondre son dernier soupir avec le sien. Jason troublé, Jason au désespoir s'efforce envain de secourir les malheureuses victimes du courroux de Médée. Cette magicienne paroît triomphante sur un char traîné par des monstres qui vomissent des flâmes, un de ses enfans expire à ses pieds, elle a le bras levé pour frapper l'autre ; Jason se précipite à ses genoux, & la conjure d'épargner au moins cette derniere victime ; mais l'implacable Médée se rit de ses prieres, met le comble à ses forfaits, & plonge le fer dans le sein du dernier de ses fils ; elle jetta à Ja-

son le poignard, il le saisit avec fureur,
il veut s'en frapper, mais il est désar-
mé par la Haine, la Jalousie & la Vengeance. Médée qui veut prolonger les
tourmens de Jason, ordonne aux Enfers de les accroître encore, les Furies
& les Démons accourent à sa voix, ils
se groupent de différentes manieres, &
poursuivent Jason qui est effrayé d'un
spectacle aussi horrible ; prêt d'expi-
rer, conjure Médée de terminer ses
tourmens ; elle ordonne au Fer de lui
donner un poignard, Jason s'en saisit,
s'en frappe, & meurt à côté de Creuse.
Les Enfers expriment leur joie barbare,
le Ciel s'obscurcit, la terre tremble, une
pluie de feu embrâse le Palais, il s'é-
croule, tout fuit, & l'exécrable Médée se frayant une route dans les airs,
s'envole en s'applaudissant de l'énormi-
té de ses forfaits.

FIN DU BALLET.

J'A i lu par ordre de Monseigneur le Garde des
Sceaux, le Programme du Ballet de *MÉDÉE
& JASON*, dont on peut permettre l'impreſſion.
A Paris, ce 29 Janvier 1780.

BRET.

www.ingramcontent.com/pod-product-compliance
Lightning Source LLC
LaVergne TN
LVHW021810060726
842528LV00003B/1244